Chasse (La) aux proverbes

I0233046

LA CHASSE AUX PROVERBES

A Messieurs les Membres du Comité central
des Artistes.

LEUR COLLÈGUE,

P. R. FAIEX.

1857

LA CHASSE AUX PROVERBES

—— ———

*A Messieurs les Membres du Comité central
des Artistes.*

LEUR COLLÈGUE,

P. R. FAIEX.

1857

PERSONNAGES.

DERMILLY, 30 ans.

Mme DERMILLY, 20 à 25 ans.

DESCHAMPS, 40 à 45 ans ; cheveux blanchis avant l'âge ; bonhomie, esprit et dignité.

DÉCORS.

Petit cabinet-salon. Porte en face du spectateur donnant sur un vestibule ; entrée particulière ; d'un côté bibliothèque, de l'autre côté divan. Autre porte à gauche ; celle-ci communique aux appartements. A gauche également, au second plan, cheminée avec riche garniture. Vases pleins de fleurs naturelles. Feu dans l'âtre. A droite, au premier plan, fenêtre ; près de cette fenêtre un piano chargé de livres et de musique. Bureau au milieu de la pièce, fauteuils, etc. Une carcel est allumée bien qu'il fasse encore jour.

LA CHASSE AUX PROVERBES

SCÈNE PREMIÈRE.

DERMILLY, Mme DERMILLY.

Au lever du rideau, Dermilly, tenant le bouton de la porte de l'antichambre, le corps à demi penché vers l'autre porte, paraît écouter; Mme Dermilly bientôt entre en scène.

DERMILLY, *allant à sa femme.*

Ah! ah! c'est toi, minette... Tu... tu m'as fait une peur!

Mme DERMILLY.

Peur! Entre mari et femme on ne se doit plus de compliments, mais...

DERMILLY, *ôtant sa robe de chambre.*

Je m'apprêtais à sortir, tu le vois.

Mme DERMILLY, *s'approchant de la cheminée.*

Quel bon feu vous avez encore, étant disposé...

DERMILLY.

Aussi suis-je en retard, j'avais oublié...

Mme DERMILLY.

Comme on est bien ici! Coquet, des fleurs!... Dans la
saison où nous sommes, c'est du luxe, mais du luxe de
très-bon goût. (*A part.*) Le temple attendait sa divinité.

DERMILLY, *tirant sa montre,*

Il est six heures et demie.

Mme DERMILLY.

La pendule ne dit que six heures.

DERMILLY.

Le théâtre est ouvert déjà.

Mme DERMILLY.

Vous avez encore, si vous voulez, une demi-heure à me
donner.

DERMILLY.

Tu avais si bien promis cette soirée à ta mère.

Mme DERMILLY.

Elle n'était pas chez elle. Vous tenez donc singulièrement...

DERMILLY, *continuant sa toilette.*

A voir le lever de rideau : un proverbe délicieux.

Mme DERMILLY.

Que vous avez vu cinq fois déjà, si...

DERMILLY.

Oui; mais pour saisir toutes les nuances, toutes les dé-
licatesses du genre.

Mme DERMILLY.

C'est vrai, vous avez l'intention d'écrire un proverbe.

DERMILLY.

Je désire, vous le savez, être joué.

Mme DERMILLY.

Etre joué!

DERMILLY.

Cette réplique?...

Mme DERMILLY, *avec sentiment.*

Edmond, voudrais-tu me faire le sacrifice de cette soirée, de ce spectacle, dis?

DERMILLY.

Quelle idée!

Mme DERMILLY.

Je t'en prie.

DERMILLY.

C'est de l'enfantillage. *(A part.)* Et l'autre qui va venir!

Mme DERMILLY.

Je suis triste, ce soir. J'ai comme un pressentiment de malheur. Une sorte d'ennui, quoi que je fasse, depuis quelques jours m'accable; tu me laisses si souvent seule!

DERMILLY.

Ne comprendrez-vous jamais combien la société des artistes m'est nécessaire.

Mme DERMILLY.

Et les difficultés... car pour un proverbe...

DERMILLY.

Ah! tu crois, je le sais, que la chose est facile. Un proverbe, la belle affaire vraiment!—Oui, sans doute, si on arrivait le premier à traiter son sujet; mais on nous a pris tous les sujets possibles. Tout a été dit, traité, ressassé en vers et en prose.

Mme DERMILLY.

On dit depuis longtemps qu'il n'y a plus rien de nouveau
sous le soleil ; cependant...

DERMILLY.

Pénélope, tourmentée par ses amoureux impatients, re-
commençant chaque jour sur le canevas attendu la bro-
derie de la veille, c'est l'historique allégorie des écrivains
de notre époque. L'homme, seul thème de nos études, est
aujourd'hui ce qu'il a toujours été ; il n'y a que l'habit qui
varie de forme. C'est toujours la même pièce à refaire sans
que le public s'en aperçoive ; c'est le sac aux vieilles idées
qu'on retourne sans cesse ; c'est un titre ébouriffant qu'il
faut trouver à l'enfant qui doit vivre .. ce que vivent
les roses de tes coiffures, l'espace de quelques soirées.

Mme DERMILLY.

Vous ne pouvez chercher l'inspiration dans l'intimité de
votre femme ? Mon amour-propre eût été flatté pourtant
d'être marraine du nouveau-né.

DERMILLY, *l'embrassant.*

Je te fais payer d'avance les dragées du baptême.

Mme DERMILLY.

Edmond, autrefois, quand vous vous disiez mon poëte....

DERMILLY.

Quand je faisais des vers de collégien et d'amoureux.

Mme DERMILLY, *se dégageant des bras de son mari et avec une petite*
moue, un accent de reproche.

Quand vous vous êtes fait aimer de moi, Monsieur.

DERMILLY.

Aujourd'hui, je suis votre mari, Madame. Ce n'est plus
tant, peut-être, le cœur qui promet le but, mais c'est la
main qui cherche à y conduire. On croit toujours, au dé-

part, pouvoir franchir son chemin avec les ailes de l'illusion, on voit bientôt qu'il faut marcher avec les gros souliers de la réalité. Alors on peut devenir penseur, on n'est plus poëte.

Mme DERMILLY.

Ah !

DERMILLY.

De nos jours — c'est chose un peu triste à dire à une jeune femme — le chiffre a chassé l'idéal, la science a remplacé la foi. On ne rêve plus, on cherche; on procède du connu à l'inconnu.

Mme DERMILLY.

Et l'inconnu, l'X mathématique, c'est en amour une dot, dans l'art un succès de mode : un quotient toujours.

DERMILLY.

On a souvent pris le Juif errant pour emblème de l'humanité; je ne sais si, comme lui, nous marchons sans cesse, mais on sent chaque jour un peu plus le besoin de ses cinq sous.

Mme DERMILLY.

L'artiste....

DERMILLY.

L'artiste autrefois faisait de la peinture, aujourd'hui il daguerréotype.

Mme DERMILLY.

Et le proverbe remplace la comédie.

DERMILLY.

L'art est mort, on ne croit plus à l'art. Ce n'est point dans son cabinet que l'écrivain doit veiller, étudier, attendre l'inspiration ; c'est dans la société de gens qui savent joyeusement vivre qu'il lui faut apprendre, observer, stimuler sa verve. De l'obscur caillou on fait jaillir du feu ; l'esprit, au choc du monde, a toujours quelque étincelle.

Mme DERMILLY.

Quelle théorie de mauvais sujet!

DERMILLY.

Peut-être. Qui a vécu a pensé. — Une saillie, un mot inspire une bluette, fait éclore une improvisation presque toujours gaie, brillante ou fantasque, légère bulle de savon qui s'envole un jour devant les regards attentifs de la foule, de la foule qui demande non qu'on l'instruise, mais qu'on l'amuse, qu'on la distraie de ses soucis. Le public — la comparaison est un peu aventurée, — le public, c'est un gourmand dont le palais est usé par toutes sortes de sauces, par des mets assaisonnés de toutes les épices. Ce sont des ouvrages aux situations hasardées, équivoques, qui réussissent aujourd'hui et qui, par contre, ma ménagère, donnent à l'auteur mieux que le pot au feu, le rôti.

Mme DERMILLY,

Ah! cette sorte d'esprit.

DERMILLY.

Hé! mon Dieu, il en fut toujours un peu ainsi. — Sans la scène où Orgon, — le mari, — est caché sous la table pendant que Tartufe fait une sensuelle déclaration d'amour, qui sait si le chef-d'œuvre de Molière serait couru comme il l'est encore?

Mme DERMILLY.

J'espérais te voir porter au théâtre... Je te croyais des idées plus neuves.

DERMILLY.

Une idée neuve!! Avec une idée neuve, je te ferai cent pièces nouvelles.

Mᵐᵉ DERMILLY.

Enfin depuis six mois que vous cherchez un sujet, un proverbe, puisqu'il vous faut un proverbe, vous n'avez pu en trouver un?

DERMILLY.

J'avoue.

Mᵐᵉ DERMILLY.

Notre langue française en est pourtant assez riche. Tenez, en voici un : « *Il n'est pire eau que l'eau qui dort.* » Voyez, la donnée en est simple et facile. Un mari à l'air candide, plein de soins, de prévenances pour sa femme, et qui aurait, en cachette, quelque passion.

DERMILLY, *à part.*

Aie! aie!

Mᵐᵉ DERMILLY.

Vous ne trouvez pas le sujet de votre goût. Oh! je sais bien que vous serez obligé de faire des frais d'imagination; mais avec de l'esprit, et vous en avez, vous vous figurerez les situations.

DERMILLY.

Non, non, c'est trop ingénu. Les proverbes étaient regardés comme la sagesse du vieux temps; les retourner, c'est l'esprit du nôtre. Tiens, un motif de couplet. Il faut, par un sophisme, changer leur vieille et honorée maxime : *Qui se ressemble se gêne; qui se dispute s'adore; un et un font un,* etc., etc. Il faut trouver l'*et cœtera.* Mais le plaisir de causer avec toi!... L'heure avance.

Mᵐᵉ DERMILLY, *à part.*

Je défends mon bonheur, moi, comme je le peux. *(Allant au piano.)* Ah! votre piano est resté ouvert; une romance nouvelle sans doute. J'entends Louise. *(Appelant.)* Louise

Fausse sortie

DERMILLY, *seul, allant au piano.*

La femme de chambre est arrivée là fort à propos.

Mᵐᵉ DERMILLY, *rentrant et arrivant au piano avant son mari.*

Et moi qui avais peur de m'ennuyer.

DERMILLY, *déconcerté.*

Serait-ce ta mère?

Mᵐᵉ DERMILLY.

Non, mais un monsieur est venu pour te voir et comme il t'attend au salon....

DERMILLY.

Ne fais pas attention, quelques vieux morceaux.

Mᵐᵉ DERMILLY.

Qu'importe, si cette musique vous plaît. (*Elle feuillette la musique.*) Vous avez beaucoup d'amis maintenant.

DERMILLY.

Je fais chaque jour de nouvelles connaissances qui peuvent m'être utiles: des acteurs, des écrivains, des gens d'esprit.

Mᵐᵉ DERMILLY.

Oui, et l'on dit communément : « *Les amis de nos amis sont nos amis.* » Il me semble que ce titre serait assez bien dans les conditions de l'art nouveau, étant ainsi orthographié, au féminin : *Les ami-es de nos amis sont nos ami-es.* (*Elle exécute l'air de la romance :* Ce qu'il me faut à moi, c'est toi.) Comme vous le dites, au fond c'est toujours le même sujet, la même comédie.

DERMILLY.

De l'esprit, du sarcasme, je crois, du persiflage peut-être.

Mᵐᵉ DERMILLY, *touchant encore le piano.*

Vous venez d'avouer que vous préférez ce langage à celui du cœur.

DERMILLY.

Dans la bouche des hommes, chère, mais dans celle des femmes, je n'admets que le sentiment. (*A part.*) Maudite idée de jouer cette romance : le signal de mon rendez-vous.

Mme DERMILLY, *quittant le piano.*

Je suis donc encore plus malheureuse que je ne le pensais ; j'avais cru que notre voisine....

DERMILLY, *à part.*

Oh! oh! cette fois je suis pris.

Mme DERMILLY.

Cette petite brune dont la fenêtre est en face, ne vous avait séduit que par son esprit.

DERMILLY, *allant à sa femme.*

Je n'ai plus la force de me fâcher. J'ai pitié de vos folles pensées. Je sors ; mais j'ai à cœur de vous rassurer. Votre jalousie se crée des chimères. Apprenez donc que cette jolie voisine est mariée, et que je suis purement et simplement l'ami du mari. Ah! mais tu connais M. Deschamps, le mari. C'est lui qui a eu la patience de m'attendre une heure, hier soir, en te faisant la cour. Vous me l'avez dit vous-même, Madame ; du reste, un artiste distingué. Allons, j'éteins la lampe. (*Il descend la mèche de la carcel.*)

Mme DERMILLY.

Tu sors sans chapeau?

DERMILLY.

Mon chapeau?

Mme DERMILLY, *entrant dans le vestibule.*

Il est dans le vestibule, sans doute.

DERMILLY, *soufflant sur la lampe pour achever de l'éteindre.*

Tu ne le trouveras pas, la lampe est morte.

Mme DERMILLY, *rentrant le chapeau à la main.*

Le voici.

DERMILLY, *à lui-même.*

Ouf! j'ai eu peur.

Mme DERMILLY, *à part.*

Elle monte. Je ne me trompais pas. (*A Dermilly.*) J'entends votre ami. (*Dermilly fait quelques pas vers l'antichambre.*) Non, c'est de ce côté. Je vais vous apporter de la lumière.

DERMILLY.

C'est inutile, j'ai ce qu'il faut ici.

Mme Dermilly, rentre dans l'appartement, porte de gauche.

SCÈNE II

DERMILLY, DESCHAMPS.

DESCHAMPS, *entrant, après les cérémonies d'usage, pour laisser sortir Mme Dermilly.*

Ne vous dérangez pas : c'est moi, — Nestor Deschamps.

DERMILLY, *allant vers la porte par où Mme Dermilly est sortie.*

Ah! permettez. (*A part.*) Il ne manquait plus que lui

DESCHAMPS.

Pardon, si ma présence...

DERMILLY, *près de la porte et à lui-même.*

Elle s'éloigne.

DESCHAMPS.

Vous teniez donc...

DERMILLY, *montrant l'antichambre*

Il y a là, qui m'attend...

DESCHAMPS.

Une femme?

DERMILLY.

Un premier rendez-vous. Vous comprenez... En toute autre circonstance, j'aurais du plaisir à vous recevoir.

DESCHAMPS.

Scélérat !

DERMILLY.

Entre nous.

DESCHAMPS.

Chasseur aux proverbes, vous êtes sur la piste de celui qui dit : *Où il y a de la gêne...*

DERMILLY.

Il n'y a pas de plaisir, aphorisme du plus grand sens.

DESCHAMPS.

Pourtant, vous avez une femme charmante, spirituelle...

DERMILLY.

Je vous permets de penser ces choses-là tant que vous ne les direz qu'à moi. Mais, vraiment, vous me ferez devenir jaloux.

DESCHAMPS.

Fi ! Monsieur, de cet air libertin. Le beau sujet de triomphe de faire quelque honnête mari...

DERMILLY.

Marri.

DESCHAMPS.

Oh ! vous voilà courant après un titre d'affiche.

DERMILLY.

Les maris, quelle source plus abondante...

DESCHAMPS.

Les maris trompeurs?

DERMILLY.

Non, les maris trompés. (*A part.*) Il ne s'en ira pas.

DESCHAMPS.

Pardon, une réflexion me vient, un scrupule sentant le mari d'une lieue, je le sais. Avez-vous un instant songé, vous, le père de famille, l'homme de cœur, le poëte enfin, aux conséquences de votre bonne fortune?

DERMILLY.

Je ne cherche pas de drame en ce moment.

DESCHAMPS.

Ah!

DERMILLY.

En seriez-vous encore là, cher? Parce que l'on fait de longues et dures tartines sur la vertu, sur l'honneur, vous croyez que le palais de gourmet que l'on possède ne saurait être émoustillé par le péché. Il est quelquefois si appétissant !

DESCHAMPS, *saluant.*

Le juste, dit l'Écriture, succombe sept fois par jour.

DERMILLY.

J'essayais de le faire comprendre à ma femme tout à l'heure : pour combattre le vice, il faut le connaître. Le prêtre dans sa chaire, l'écrivain à la tribune, lui doivent de beaux sermons. C'est à nous que s'applique le correctif dicton : *Fais ce que je dis et non pas...* Vous savez le reste. Eh, mon Dieu, c'est l'héritage paternel. Sous un regard fascinateur, nous nous décidons tous amoureusement à mordre, fils d'Adam, au fruit défendu. *Le fruit défendu.* Oh! les titres abondent ce soir.

DESCHAMPS.

Celui-là offre un assez vaste thème.

DERMILLY, *allant à la porte.*

Je vais l'étudier.

DESCHAMPS, *le retenant.*

Minute. Je ne vous laisserai pas partir que vous ne m'ayez dit si la nouvelle Ève est jolie.

DERMILLY.

Voilà une idée...

DESCHAMPS.

Ah! il me faut vous pardonner le sacrifice de ma soirée, car je comptais la passer avec vous. Allons, vous n'osez pas avouer quelle est votre conquête.

DERMILLY.

Vous y tenez, mon cher sermonneur.

DESCHAMPS, *à part.*

Sermonneur! La langue a été donnée à l'homme pour déguiser sa pensée, a dit Talleyrand.

DERMILLY.

Vous dites?

DESCHAMPS.

Je me demande quelle peut être la dame de vos...

DERMILLY.

C'est une femme que vous avez cru, dans un temps, digne de vos hommages.

DESCHAMPS.

Oh! oh!

DERMILLY.

Je le sais.

DESCHAMPS.

Après cela, si vous faites allusion à une époque un peu éloignée. Par exemple, malgré tout le mérite de Mme Dermilly.... un vieux proverbe l'a dit : « *Il n'est si bonne chose dont on ne se lasse.* »

DERMILLY.

« *Il n'est sauce que d'appétit,* » dit encore un autre.

DESCHAMPS.

Et le mariage ne l'ouvre plus.

DERMILLY.

C'est le cas de dire : l'appétit... se passe en mangeant.

DESCHAMPS.

Le gibier, à votre nez, se lève, et quelque envie qui vous prenne d'y courir sus, sentir toujours au cou la chaîne : le mariage ! le mariage !

DERMILLY.

Veiller à perpétuité sur sa femme, aimée ou non, comme un chien à la garde d'un trésor.

DESCHAMPS.

Quelle garde et quel trésor !

DERMILLY.

Se donner à la femme qu'on adore, chef-d'œuvre de la création, et se donner à Dieu, c'est faire acte de foi, et de pénitence.

DESCHAMPS.

Il n'est rien de plus stupide que l'amour permis.

DERMILLY, *s'appuyant familièrement sur l'épaule de Deschamps.*

C'est votre avis?

DESCHAMPS.

Voyez, au contraire, quand on rencontre...

DERMILLY, *poussant Deschamps.*

La femme d'un voisin.

DESCHAMPS, *même jeu.*

La femme d'un ami.

DERMILLY.

Pour peu qu'elle soit d'humeur agréable, qu'elle ait l'œil mutin.

DESCHAMPS.

Qu'on lui trouve un air sentimental, spirituel.

DERMILLY.

On est épris, on la convoite.

DESCHAMPS.

On oublie tout pour elle. En amour, on peut donc dire: « *Où il y a de la gêne...* »

DERMILLY.

Il y a du bonheur. En arrangeant cela...Mais c'est une idée que vous venez de me donner. Vous avez, monsieur Deschamps, un esprit...

DESCHAMPS.

D'à-propos quelquefois.

DERMILLY.

Vrai, je me sens disposé à travailler avec vous en collaboration: je vais, sur votre donnée, essayer, ébaucher un scénario.

3

DESCHAMPS.

Hé ! hé ! j'aurais du plaisir à vous procurer l'occasion de signer un ouvrage... dramatique dont j'aurais fourni le sujet.

DERMILLY.

Je m'oublie à causer littérature avec vous. Mme Dermilly va revenir.

DESCHAMPS.

Il me semble l'entendre.

DERMILLY.

Adieu. (*Revenant sur ses pas et à part.*) Une idée pour qu'il me laisse... Oui. (*A Deschamps.*) Vous nous restez, n'est-ce pas? Je ne serai pas longtemps absent. Vous direz à ma femme qu'un ami est venu me chercher. Ce sera une occasion de lui faire votre cour. Elle voulait justement vous retenir. Et vous nous aviez déjà, ce me semble, sacrifié votre soirée. Je compte vous retrouver; je me sauve.

DESCHAMPS.

Bonne chance !

DERMILLY, *sortant.*

Au revoir, au plaisir.

DESCHAMPS, *poussant la porte sur Dermilly*

Allons donc !

DERMILLY, *rentrouvrant la porte.*

Merci du service.

DESCHAMPS.

Il n'y a pas de quoi.

SCÈNE III.

DESCHAMPS, Mme DERMILLY.

L'obscurité a dû pendant la scène précédente s'épaissir peu à peu. Nuit

DESCHAMPS.

Attention. (*S'orientant.*) Hum !

Mme DERMILLY.

Seul?

DESCHAMPS.

Tout seul...

Mme DERMILLY.

Sans lumière ; je vais...

DESCHAMPS.

Pourquoi faire?

Mme DERMILLY.

Comment...

DESCHAMPS.

Il fait un clair de lune superbe.

Mme DERMILLY.

Ce n'est qu'à la voix que nous nous sommes reconnus.

DESCHAMPS.

La lune, c'est l'astre des amants et des poëtes.

Mme DERMILLY.

Mais pour nous qui ne sommes ni l'un ni l'autre.

DESCHAMPS.

Dites encore qu'on n'y voit pas. Je suis près de vous,
je vous tiens.

Mᵐᵉ DERMILLY.

Mais on croirait que vous tremblez.

DESCHAMPS.

Il est permis à un homme de trembler sous le regard
d'une jolie femme.

Mᵐᵉ DERMILLY.

Je vais faire apporter...

DESCHAMPS.

Ne trouvez-vous pas qu'il y a un charme indéfinissable
dans cette douce obscurité, dans ce silence? Il semble
qu'à cette heure de calme, de repos, on éprouve de
nouveaux besoins, on ressent des désirs de bonheur.

Mᵐᵉ DERMILLY.

Écrivain, mon mari cherche partout un proverbe;
peintre, chercheriez-vous, de votre côté, un effet de nuit?

DESCHAMPS.

On ne sait comment exprimer sa pensée... vous riez de
tout.

Mᵐᵉ DERMILLY, *essuyant une larme.*

Ou plutôt à travers tout : les larmes sont quelquefois
si près du rire!

DESCHAMPS.

Vous êtes malheureuse....... Ne dites pas non. Moi aussi
je suis malheureux, bien malheureux. Oh! je devine, je
pressens les infortunes conjugales.

Mᵐᵉ DERMILLY, *à part, luttant contre sa tristesse.*

Pauvre homme!

DESCHAMPS.

Quelqu'un vient de ce côté. (*Pirouettant.*) Votre mari, sans doute.

Mᵐᵉ DERMILLY.

Je vais faire apporter des bougies.

○────────────────────────○

SCÈNE IV.

DESCHAMPS, DERMILLY.

DERMILLY.

Cette clef, cette clef. Comment diable cela se fait-il?

DESCHAMPS, *à part.*

Qu'a-t-il donc à se démener avec sa clef?

DERMILLY, *à lui-même.*

Oui, quand j'ai été ouvrir la porte, j'ai pu retirer de la serrure... un malheureux coup de vent sans doute...

DESCHAMPS.

A poussé la porte derrière votre Dulcinée.

DERMILLY.

Ah! c'est vous.

DESCHAMPS.

Pas d'issue pour s'échapper, et votre femme qui va revenir. Prenez garde, cher. Introduire une maîtresse dans le domicile conjugal, la contravention est flagrante.

DERMILLY.

Où diable ai-je pu fourrer cette maudite clef? Rien, rien.

DESCHAMPS.

Sur votre bureau.

DERMILLY.

Non.

DESCHAMPS.

Sur le piano.

DERMILLY.

—Pas plus.

DESCHAMPS.

Allons, du calme.

DERMILLY.

Ma femme serait-elle retenue chez elle?

DESCHAMPS.

Non; elle est allée chercher de la lumière.

DERMILLY.

Que faire?

DESCHAMPS.

J'ai pitié de votre anxiété. Je peux vous tirer d'embarras.

DERMILLY.

Parlez.

DESCHAMPS.

A une condition pourtant.

DERMILLY.

Ne me faites pas poser en saint Laurent.

DESCHAMPS.

Il n'y a pas de gril... mais il y a une porte que je peux ouvrir.

DERMILLY.

C'est vrai. Je respire. Votre atelier a aussi une sortie...

DESCHAMPS.

Sur cet escalier de service, et j'ai une clef.

DERMILLY.

Que vous allez me procurer.

DESCHAMPS.

A une condition, ai-je dit.

DERMILLY.

Vous me faites mourir.

DESCHAMPS.

Je verrai la Vénus prise au filet.

DERMILLY.

Impossible ! !

DESCHAMPS.

Je suis peintre comme vous êtes écrivain. Mme Dermilly me le rappelait tout à l'heure; moi aussi, je dois être à la piste des sujets. Celui-ci est de mon goût... Je pourrai rencontrer plus tard mon Vulcain. (Se caressant la barbe.) Il me semble que le Vulcain doit avoir une drôle de figure.

DERMILLY.

C'est de l'enfantillage. Vous ne voudrez pas...

DESCHAMPS.

Je n'en démordrai point. Ah! c'est une femme que j'ai cru digne de mes hommages... On peut avoir l'amour-propre blessé. Hé, mon Dieu! réfléchissez, je pourrais,

sans vous le demander, me procurer le plaisir de la voir
cette nymphe, cette Vénus, cette Hélène... Décidez-vous,
j'entends Mme Dermilly.

DERMILLY.

J'ai ma clef. Adieu. (*A l'oreille de Deschamps, d'un ton narquois.*)
Qui ne sait rien ne dit rien. (*Cherchant encore.*) Où ai-je
donc pu mettre cette clef? (*Il regagne l'antichambre.*)

DESCHAMPS.

Diable d'homme, avec ses proverbes et son air gogue-
nard. Bah! *Rira bien qui rira le dernier.*

SCÈNE V.

DESCHAMPS, Mme DERMILLY, UNE FEMME DE CHAMBRE.

Mme DERMILLY.

Il me semblait vous avoir entendu parler.

DESCHAMPS.

Moi?

Mme DERMILLY.

Et vous êtes seul. Je ne sais pourquoi, je croyais entendre comme... un proverbe.

DESCHAMPS.

M. Dermilly raisonne si souvent de cette façon que...

Mme DERMILLY.

M. Dermilly est mon mari : me parler contre lui est
chose peu convenable.

DESCHAMPS.

Je peux, malgré moi, laisser échapper des paroles sévè-res. C'est que mon cœur se révolte de voir une personne de votre mérite traitée comme vous l'êtes. Jeune fou qui ne comprend pas son bonheur.

Mme DERMILLY, *appelant.*

Louise, les flambeaux sur ce piano. (*La femme de chambre entre, place des bougies sur le piano et se retire.*) Asseyez-vous donc, monsieur Deschamps.

DESCHAMPS, *toujours debout.*

Ah! s'il m'avait été donné, madame, de vous rencontrer plus tôt. Heureusement un vieil adage dit : « *Mieux vaut tard que jamais.* »

Mme DERMILLY.

Prenez garde, je vais devenir de l'école littéraire de mon mari, et je vous répondrai qu'en certain cas, mieux vaut jamais que tard. Vous gourmandez bien fort M. Der-milly; qui sait? je crois volontiers qu'autrefois vous avez été aussi quelque peu libertin... Après cela, *le diable qui se fait vieux...*

DESCHAMPS.

Est vieux diable. — Je me fais avec vous à la nouvelle école.

Mme DERMILLY.

Ainsi, vous vous avouez... rusé.

DESCHAMPS.

Non, c'est aimant qu'il faut comprendre. (*Il prend un livre pour se donner une contenance.*)

Mme DERMILLY.

Je crois avoir entendu dire que vous aimez la musique, monsieur Deschamps?

DESCHAMPS, *parcourant des yeux le livre qu'il tient.*

Beaucoup plus encore la lecture; et, tenez, voici un livre...

Mᵐᵉ DERMILLY.

Une pièce de théâtre.

DESCHAMPS.

Un chef-d'œuvre de poésie.

Mᵐᵉ DERMILLY.

Voyons.

DESCHAMPS.

Hernani.

Mᵐᵉ DERMILLY.

J'écoute.

DESCHAMPS, *lisant.*

« Mais va, crois-moi, ces cavaliers frivoles
» N'ont pas d'amour si grand qu'il ne s'use en paroles.
» Qu'une fille aime et croie un de ces jouvenceaux,
» Elle en meurt, il en rit. Tous ces jeunes oiseaux,
» A l'aile vive et peinte, au langoureux ramage,
» Ont un amour qui mue ainsi que leur plumage.
» Les vieux, dont l'âge éteint la voix et les couleurs,
» Ont l'aile plus fidèle, et, moins beaux, sont meilleurs.
» Nous aimons bien. — Nos pas sont lourds? nos yeux arides?
» Nos fronts ridés? Au cœur on n'a jamais de rides. »

SCÈNE VI.

LES MÊMES, DERMILLY.

DERMILLY, *entrouvrant la porte.*

Maudite clef! (*Voyant sa femme et Deschamps, il rentre prompte-ment et sans bruit dans l'antichambre.*)

Mme DERMILLY, *apercevant son mari qui se cache (à part) :*

Ah ! — Il me citait, tout à l'heure, comme modèle du théâtre, la scène d'amour du *Tartufe*. Le mari est caché : la jeune femme tousse, je me rappelle, pour l'engager à prêter l'oreille. (*Elle tousse.* — *A Deschamps.*) Ces vers sont très-jolis.

DESCHAMPS, *qui, voyant Mme Dermilly distraite, a cessé sa lecture, va se rapprocher d'elle et continue :*

« Hélas ! quand un vieillard aime, il faut l'épargner.
» Le cœur est toujours jeune et peut toujours saigner. »

Mme DERMILLY.

Mais vous déclamez avec beaucoup de goût. Pourtant, pardonnez à ma distraction, en vous écoutant, mes yeux se sont portés sur ce volume : un recueil de proverbes. Il y en a, ce me semble, qui pourraient ici trouver application. Je vois : — *Les absents ont toujours tort.* — *A qui mal veut, mal arrive.* (*Lui passant le livre fermé.*) Prenez donc.

DESCHAMPS, *prenant.*

Oh ! oh ! je connais quelque peu ce livre, c'est moi qui l'ai prêté à votre mari. Mais, à votre tour de m'écouter.

(*Dermilly, à ce moment, entrouvre la porte pour entendre la conversation.*)

DESCHAMPS, *faisant semblant de lire.*

« *Le mal est pour celui qui le cherche.* » M. Dermilly aurait dû mettre un sinet à cet endroit. (*A part, ouvrant le livre.*) Tiens, ce conseil, sous forme d'augure : *Fais flèche de tout bois.* — *Tout chemin mène à Rome.* (*Sans regarder livre.*) *Eau trouble, pêche claire.* (*Lisant*) :

« L'homme n'a ni sens ni raison
» Qui jeune femme laisse au tison. »

(*Feuilletant le livre.*)

— « Loin des yeux, loin du cœur. »

Mᵐᵉ DERMILLY.

Toute vérité n'est pas bonne à dire.

DESCHAMPS, *paraissant tout à sa lecture.*

De l'abondance du cœur, la bouche parle.

(*Dermilly entrouvre encore la porte, écoute et au moindre mouvement se cache. Ce jeu continue pendant toute la scène.*)

Mᵐᵉ DERMILLY.

Rien ne peut suffire à l'homme que ce qu'il n'a pas. (*D'un air indifférent.*) N'apercevez-vous pas d'ici la fenêtre où Mᵐᵉ Deschamps.

DESCHAMPS.

Je lis ici : «*Quitte le bon pour le meilleur.*»

Mᵐᵉ DERMILLY, *toussant et se tournant du côté du vestibule, où est son mari.*

Il faut hurler avec les loups. A mon tour, je trouve dans ma mémoire ces deux vieilles sentences : — *Ne jouez pas avec le feu.* — *C'est folie de bouger quand on est bien.*

DESCHAMPS.

M. Dermilly me le disait il y a un instant : — *Qui ne sait rien...*

Mᵐᵉ DERMILLY,

Qui ne sait rien ne doute de rien, maxime que j'approuve.

DESCHAMPS.

C'est l'occasion qui fait le larron... Mais notre conversation était moins triviale, moins spirituelle, peut-être, hier soir... et maintenant que l'esprit a eu sa large part, le cœur n'aura-t-il pas la sienne? (*Silence.*) — *Qui ne dit mot, consent.*

Mᵐᵉ DERMILLY.

Qui se tait à propos raisonne bien haut. (*Elle feuillette vivement sa musique.*)

DESCHAMPS, *avec une certaine réserve.*

Vous paraissez émue.

Mᵐᵉ DERMILLY, *avec grâce et dignité.*

Jeu qui trop dure ne vaut rien.

DESCHAMPS, *avec embarras.*

Madame...

Mᵐᵉ DERMILLY.

Mais c'était une lutte d'esprit, et : — *Bon mot n'épargne personne.* (*Mᵐᵉ Dermilly tousse plus fort; mais, apercevant son mari qui sort lentement de l'antichambre, elle cesse aussitôt ce jeu.*)

DESCHAMPS.

Vous vous enrhumez, ce me semble; l'air de cette fenêtre peut-être...

Mᵐᵉ DERMILLY, *avec enjouement.*

Non, non: J'étudie cette romance, et vous savez; on tousse volontiers....

DESCHAMPS.

Pour se mettre en voix. (*Il tousse.*) Cela aide toujours à se remettre de l'émotion qu'on éprouve. (*A part.*) Je patauge, je patauge. (*Haut.*) Vous étudiez bien attentivement ce morceau.

Mᵐᵉ DERMILLY.

Une romance délicieuse, quoiqu'un peu vieille.

DESCHAMPS, *se penchant pour voir l'exemplaire de musique.*

Oh! oh !

Mᵐᵉ DERMILLY.

Vous la connaissez?

DESCHAMPS.

Ma femme me l'a souvent chantée,.. avant mon mariage.

Mme DERMILLY.

N'est-ce pas que la musique en est jolie?

DESCHAMPS.

Oui, oui.

Mme DERMILLY.

Et les paroles surtout.

DESCHAMPS.

Les paroles sont charmantes.

Mme DERMILLY.

Elles ont une expression...

DESCHAMPS.

Beaucoup, beaucoup d'expression.

Mme DERMILLY.

C'est, depuis quelques jours, la romance favorite de mon mari; il en exécute merveilleusement la musique. (*Lentement.*) Il sait y donner un charme qui va au cœur, et je suis jalouse...

DESCHAMPS.

Jalouse !

Mme DERMILLY.

De son talent de pianiste.

DESCHAMPS.

Votre mari vous trompe, Madame; ces couplets, vous les croyez à votre adresse, sans doute.

Mme DERMILLY.

Pourquoi pas ?

DESCHAMPS.

On ne chante plus de ces choses dans l'amour légitime

Mᵐᵉ DERMILLY.

Vraiment. Messieurs les maris, qu'ils soient ou non auteurs dramatiques, doivent connaître le précepte. *Ne fais pas à autrui...*

DESCHAMPS.

Plus de cette lutte, aviez-vous dit; pourtant, je ne m'en plains pas, me souvenant de ma lecture de ce livre. *A beau jeu, beau retour.*

Mᵐᵉ DERMILLY.

L'habitude.

DESCHAMPS.

Ces couplets sont ravissants.

Mᵐᵉ DERMILLY.

Quelle méchanceté y mettez-vous de juger un de vos amis aussi sévèrement devant sa femme?

DESCHAMPS.

Le refrain surtout.

Mᵐᵉ DERMILLY.

Depuis quelque temps...

DESCHAMPS.

Comment mieux dire : je t'aime, verbe trois fois saint! Comme Dieu il crée : Je t'aime. — *Ce qu'il me faut à moi..*

Mᵐᵉ DERMILLY.

Mᵐᵉ Deschamps aussi chante ces couplets avec un sentiment...

DESCHAMPS, *à part.*

Ma femme!... ma femme et M. Dermilly...

Mᵐᵉ DERMILLY.

Pourtant, je n'en tire aucune méchante conséquence,

moi. Allons, je vous écoute. Mais laissons, si vous voulez bien, notre prose explicative. Revenons à la raison.

DESCHAMPS.

Pas de lumière à sa fenêtre !

Mme DERMILLY.

Le sage entend à demi-mot. Je suis tout oreille.

DESCHAMPS.

Ah! plus de proverbes.

Mme DERMILLY, *quittant le piano.*

Ce sera le dernier, car voici M. Dermilly qui revient
vous tenir compagnie.

DESCHAMPS, *à part.*

Cet air ironique... Peut-être... Je suis singulièrement
intrigué... Oh ! les femmes, les femmes ! (*Il va à la fenêtre.*)

DERMILLY, *touchant Deschamps du doigt.*

Monsieur !

DESCHAMPS.

Monsieur... (*Se retournant.*) Ah! vous voilà !

DERMILLY.

J'ai à vous parler.

DESCHAMPS.

Et moi donc.

DERMILLY, *prenant la main de sa femme et lui faisant remonter la
scène.*

Je suis revenu sur mes pas, me rappelant que M. Deschamps avait à m'entretenir d'une affaire particulière, un
secret de famille...

Mme Dermilly rentre dans l'appartement.

DESCHAMPS, *toujours à la fenêtre.*

Elle me tromperait, elle! une Agnès, une sainte, juste au moment où je suis en train de la peindre en Suzanne... Chaste Suzanne, l'un des deux vieillards est jeune, il est beau!

SCÈNE VII.

DERMILLY, DESCHAMPS.

DERMILLY.

Nous sommes seuls, Monsieur.

DESCHAMPS.

Pardieu, je le vois bien.

DERMILLY.

J'étais là, dans l'antichambre.

DESCHAMPS.

Ah! vous étiez...

DERMILLY.

J'ai tout entendu.

DESCHAMPS, *à lui-même.*

Et il se plaint!

DERMILLY, *dont la colère va croissant.*

J'ai tout entendu, vous ai-je déjà dit.

DESCHAMPS.

Vous avez eu un avantage que tel autre en pareille circonstance pourrait envier. (*A part, regardant toujours à la fenêtre.*) Aucun signe de vie... pas une lumière chez elle.

4

DERMILLY.

J'admire votre calme.

DESCHAMPS.

Ah ! des phrases.

DERMILLY.

Des phrases, on n'en fait que dans les salons, à la tribune, au théâtre, partout où l'on n'a rien à dire. Le
cœur n'a que deux véritables passions : l'amour et la
haine. Deux mots suffisent pour les exprimer : J'aime,
je hais !

DESCHAMPS.

L'aveu est joli de la part d'un écrivain. A quoi sert
donc la rhétorique ?

DERMILLY, *prenant des pistolets.*

Mais l'action toujours complète la pensée qui ne peut
sortir des lèvres.

DESCHAMPS.

Des pistolets, hein!... Être *(il fait un geste significatif)* ser-
monné et tué, c'est, en conscience, trop de moitié.

DERMILLY.

Seriez-vous lâche ?

DESCHAMPS, *regardant toujours la fenêtre.*

Monsieur... il est possible que j'aie peur de... Mais...

DERMILLY.

Alors, soit. Ces pistolets d'ailleurs n'étaient pas ici
pour autre chose. Un larron s'est introduit chez moi; au
moment où il cherche à s'approprier ce que j'ai de plus
précieux, le trésor le plus cher de tous, l'honneur, j'arrive. Je lui applique mon pistolet sur le front, et je fais
reculer mon voleur.

DESCHAMPS.

Là, là, vous vous emportez. Je ne demande pas mieux que de sortir d'ici, mais...

DERMILLY.

Sortez donc alors, sortez.

DESCHAMPS.

Seulement, je désire choisir la porte.

DERMILLY, *abasourdi, balbutiant.*

C'est par où il est entré seulement qu'un larron de votre sorte...

DESCHAMPS.

Permettez.

DERMILLY.

L'escalier dérobé ferait croire à l'amant heureux.

DESCHAMPS.

Dramaturge !

DERMILLY.

Monsieur, j'attends.

DESCHAMPS, *allant d'un pas lent vers la porte de l'antichambre et avec dignité.*

Je sortirai par cette porte.

DERMILLY, *balbutiant.*

Je... je comprends... Une femme est ici, enfermée, vous le savez; vous tirez quelque avantage de cette position assez fausse, j'avoue; *(brusquement)* mais je ne suis pas d'humeur à accepter le ridicule.

DESCHAMPS.

Prenez garde, les rôles changent ; d'accusateur vous allez devenir accusé : vous vous défendez. *(Il remonte la scène.)*

DERMILLY, *lui barrant le passage.*

Vous n'ouvrirez pas cette porte.

DESCHAMPS, *s'arrêtant.*

Vous avez donc bien peur... Je vous le demande à vous-même, n'avez-vous pas provoqué en moi la curiosité qui me pousse à voir cette femme?

DERMILLY.

Vous pouvez vous tromper dans vos conjectures.

DESCHAMPS.

Et qui vous dit que je fasse des conjectures?

DERMILLY.

Votre colère apprécierait mal...

DESCHAMPS.

Je vous trouve étrange. Qui vous fait croire que je sois en colère. Ma voix est, ce me semble, à son diapason ordinaire. (*Silence. — Deschamps va prendre une chaise, et l'offrant à Dermilly.*) Où en étions-nous donc, monsieur Dermilly, tout à l'heure, au sujet de ces pauvres maris trompeurs ou trompés? Asseyez-vous un peu, que nous causions à notre aise.

DERMILLY.

Je ne sais, en vérité, où vous en voulez venir.

DESCHAMPS.

Pardieu, c'est bien là ce qui me charme. Intriguer un écrivain dramatique, improviser une scène nouvelle, inattendue, sentimentale, quand il l'entrevoyait comique; lui faire accepter un nouveau dénouement à une comédie péniblement échafaudée, caressée depuis longtemps (*faisant du regard le tour de la pièce*) dans le silence du cabinet. Mais, vous l'avez dit, nous sommes collaborateurs. Je vous en ai déjà prié, asseyez-vous donc.

DERMILLY.

Assez de plaisanterie.

DESCHAMPS.

Vous trouvez?

DERMILLY.

Je vous ai déjà dit...

DESCHAMPS.

Rappelez un peu vos souvenirs. Ne vous semble-t-il pas que nous sommes, à l'occasion, deux fameux Gaspard. Comme nous étions spirituels et moqueurs en raillant ces pauvres maris! Quelle rouerie était la nôtre! Hein, nous avons dû nous dire de facétieuses choses. C'est si drôle de tromper son voisin, son ami. Qu'est-ce, après tout, que cette espièglerie, la vertu d'une femme à perdre, le repos d'un honnête homme à détruire? Tout cela, bagatelle, sottise, préjugé. Il faut bien qu'on s'amuse. Mais, bah! voilà que le tour que nous jouions si joyeusement à ce pauvre prochain nous est joué. Voilà que, vengeance divine! à ce même moment où nous cherchons à séduire la femme d'un autre, on séduit la nôtre. Alors nous faisons les gros yeux, alors nous nous gendarmons, et les grands mots d'honneur, de loyauté, niaiserie il y a un instant, sortent avec emphase de notre bouche.

DERMILLY.

Monsieur!...

DESCHAMPS.

Ne dites rien. La colère tout à l'heure paralysait votre langue. Maintenant vous feriez des tirades à perdre haleine.

DERMILLY.

De dramaturge?

DESCHAMPS.

Oui, de dramaturge, je le pensais. Et, à ce sujet, j'aurais grand plaisir à vous entretenir d'une vieille rancune que j'ai sur le cœur. L'avocat de toute cause a toujours de grands mots pour dire de petites choses; il est, au besoin, deux vérités au service d'un mensonge, et enfin cette voix de l'humanité, cet écho d'une époque, ce rudiment des nations, les proverbes, pour un qui se trouve progressif, dix sont rétrogrades. Un précepte honnête a sa parodie honteuse dans dix autres maximes plus connues. On a pu dire de l'adage comme du couteau delphique, c'est à savoir s'en servir de plusieurs manières. On peut avancer aujourd'hui sous le règne des écrivains, des orateurs, des publicistes, que la parole est une lame à deux tranchants : épée ou poignard, arme qui, dans le duel de la société, n'est jamais tirée qu'au profit du champion qui s'en sert.

DERMILLY, *allant prendre la chaise que Deschamps lui a offerte.*

Il ne s'agit que de s'entendre; nous faisons un cours.

DESCHAMPS.

Un penseur n'est que l'écolier studieux du monde qu'il écoute. Vous prenez une chaise, c'est bien. Vous comprenez la situation. Mais cela se devine de soi, et vous le savez mieux que personne, il faut tirer d'une scène tout le parti possible... J'ai vu tant d'ouvrages échouer au dénouement, parce que l'auteur faisait tourner de trop court ses dramatiques péripéties. L'attente du public doit donc être avec habileté graduée, ménagée, excitée. (*Il remonte la scène.*)

DERMILLY *fait un mouvement.*

Mais...

DESCHAMPS.

Je n'ai pas dessein d'ouvrir encore.

DERMILLY.

Jamais. Tout homme qui tient un peu à sa propre dignité...

DESCHAMPS.

Se fera le champion d'une femme perdue ; est-ce là ce que vous voulez dire ? Certes, s'il lui reste un sentiment au cœur, la position de cette femme est singulière. Était-ce de vous qu'elle devait attendre protection ? Pour qui tremble-t-elle à cette heure ?

DERMILLY.

Je vous jure !

DESCHAMPS.

Mon Dieu ! je ne reconnais pas en vous l'adepte soucieux, l'artiste faisant, à travers tout, l'étude du cœur humain. Remarquez donc un peu avec moi jusqu'où va notre contradictoire façon de parler et d'agir. quelle est l'idole et quel est le culte ? Nous méprisons la femme qui faiblit, même avec nous ; nous la perdons avec joie ; nous la compromettons avec orgueil, et, vienne pour elle un danger, nous nous croyons obligé de nous faire son soutien, son chevalier. Mari d'une honnête femme qui a pu mettre en nous toute sa foi, toute son existence, toute sa vie ; père de plusieurs enfants qui nous réclament, par un sot point d'honneur, pour défendre la femme qui n'a, après tout, que notre mépris, nous allons risquer nos jours, faire une veuve de celle que nous aimons, nous allons faire des orphelins de ces petits êtres à qui nous nous devons tout entier. Ah ! vous ne cherchiez pas de drame, monsieur l'auteur, et voyez pourtant comme il s'en trouve au coin du feu, au milieu des scènes les plus folles, des plaisanteries les plus saugrenues. Allons, Monsieur, je suis prêt. J'ai, moi aussi, quelque souci de mon honneur, et je sais laver une honte dans le sang.

DERMILLY.

Je vous jure...

DESCHAMPS.

Encore! On ne croit plus aux serments des législateurs, et vous voulez que je croie aux vôtres.

DERMILLY.

Sans votre philippique, en dehors de votre caractère ordinaire...

DESCHAMPS.

Dramaturge toujours, vous voyez les gens tout d'une pièce, rôle triste ou gai, sentencieux ou comique, amoureux ou niais, la victime ou le traître.

DERMILLY.

Sans vos digressions de tardive morale, je vous aurais affirmé que la femme qui est ici...

DESCHAMPS.

N'est pas encore flétrie, soit. Mais sachant de reste que la vôtre était pure, vous m'avez menacé de cette arme... Allons. (*Poussant la porte et se plaçant à l'entrée de l'antichambre sans regarder derrière lui.*) Votre balle en passant à travers ma poitrine doit l'atteindre. En joue!

SCÈNE VIII.

Lés Mêmes, Mme DERMILLY, Voix de la coulisse.

DERMILLY.

Quelqu'un!

DESCHAMPS.

Des témoins; le duel sera régulier.

Mᵐᵉ DERMILLY, *entrant.*

Des armes! Il était temps. (*A Dermilly, avec bonhomie.*)
Je viens de trouver au salon... cette clef...

DESCHAMPS, *ironiquement.*

Ah! ah! la clef de l'escalier.

DERMILLY, *d'un ton gêné, avec humeur.*

Merci, merci.

Mᵐᵉ DERMILLY, *à part, avec anxiété, regardant la fenêtre.*

Depuis que je lui ai ouvert la porte, elle a dû cependant avoir le temps de remonter chez elle. (*Haut.*) Comme
vous voilà silencieux! (*A Dermilly.*) Mon ami, si tu veux
aller au spectacle, regarde, il est sept heures.

Un piano un peu éloigné prélude la ritournelle de la romance : *C'est toi !*
Musique de M. E. Arnaud. — Paroles de M. E. Catelin.

Mᵐᵉ DERMILLY.

Ah!

DESCHAMPS, *sautant à la fenêtre.*

Qu'entends-je?

DERMILLY.

Cette... cette...

Mᵐᵉ DERMILLY.

Qu'avez-vous donc, monsieur Deschamps? Cet air effaré...

DESCHAMPS, *dont la physionomie mobile a traduit toutes les nuances
de l'étonnement et de la satisfaction, d'un cri de joie :*

Ah!

La voix chante, *pianissimo,* le couplet suivant, paroles de M. Catelin. (Ralentir
ou précipiter la mesure, de manière à finir juste à l'endroit indiqué. Musique
jusqu'au baisser du rideau.)

> Ce qu'il me faut à moi, quand la brise du soir
> Caresse avec amour les fleurs de la vallée;
> Quand je t'appelle en vain de ma voix désolée
> Comme un rayon d'espoir!
> Pour ranimer en moi la croyance envolée,
> Ce qu'il me faut à moi,
> C'est toi, c'est toi, c'est toi!

Mme DERMILLY.

Eh bien! c'est Mme Deschamps, c'est votre femme qui est à son piano et qui chante.

DESCHAMPS.

Oui, oui, c'est bien elle... La peur du mal m'avait donné le mal de la peur. (*Il jette son pistolet.*)

Mme DERMILLY.

Vous nous quittez ainsi, brusquement?

DESCHAMPS.

C'est vrai... Je ne dois pas... (*A Dermilly, lui tendant la main.*) Votre main. *Pardonne à tous et rien à toi*, vieille maxime française. (*Bas à Dermilly.*) Vous avez la clef, vous allez délivrer cette malheureuse qui aura reçu une leçon quelque peu dure. (*Haut*) Allons, adieu. — Rabelais a dit : *Le sage va chercher de la lumière, et le fou lui en donne.*

Mme DERMILLY.

Vous vous maltraitez : *Tête de fou ne blanchit jamais.*

DESCHAMPS.

Nous rions tous. Mes diatribes ont servi à une chose; je vous ai fait entrevoir un sujet dont un de vos proverbes, Madame, peut servir de titre.

Mme DERMILLY.

Il y en a eu tant de cités!

DESCHAMPS.

Le précepte humanitaire : *Ne fais pas à autrui...*

La voix en ce moment achève le refrain : *Ce qu'il me faut à moi, c'est toi.*

DESCHAMPS, *comme pòur répondre à sa femme.*

Me voilà, me voilà! (*A M. et Mme Dermilly.*) Adieu!
(*Il sort en courant.*)

SCÈNE IX.

Mme DERMILLY, DERMILLY.

Mme DERMILLY *à son mari, qui pendant longtemps l'a suivie du regard et s'est mis enfin à son bureau.*

Tu écris?

DERMILLY.

Une pièce nouvelle.

Mme DERMILLY.

Sur le titre de ce...

DERMILLY.

Vois. (*Lui montrant le papier sur lequel il vient d'écrire et lisant.*
La Chasse aux Proverbes (*l'embrassant*), ou Un auteur joué.

SCÈNE X ET DERNIÈRE.

Les Mêmes, DESCHAMPS.

DESCHAMPS, *paraissant avoir couru, être essoufflé.*

Une idée... (*Voyant les époux Dermilly qui se tiennent encore par la main.*) Ah! pardon, pardon!

DERMILLY.

Nous sommes à vous.

DESCHAMPS.

Une idée m'est venue... là-bas... en courant. Si vous faites la pièce en question, n'oubliez pas de mettre, à la façon de couplet à l'adresse du parterre, du public, et comme réclame près de messieurs les écrivains, les journalistes, la maxime évangélique — encore un proverbe : il a un Dieu pour auteur celui-là : (*Faisant le geste d'applaudissement.*) *Faites aux autres ce que vous voudriez qu'on vous fît à vous-même.*

IMPRIMERIE CENTRALE DE NAPOLÉON CHAIX ET C*, RUE BERGÈRE, 20. — 5956.

DERMILLY.

Nous sommes à vous.

DESCHAMPS.

Une idée m'est venue... là-bas... en courant. Si vous faites la pièce en question, n'oubliez pas de mettre, à la façon de couplet à l'adresse du parterre, du public, et comme réclame près de messieurs les écrivains, les journalistes, la maxime évangélique — encore un proverbe : il a un Dieu pour auteur celui-là : (*Faisant le geste d'applaudissement.*) *Faites aux autres ce que vous voudriez qu'on vous fît à vous-même.*

IMPRIMERIE CENTRALE DE NAPOLÉON CHAIX ET C°, RUE BERGÈRE, 20. — 5956.

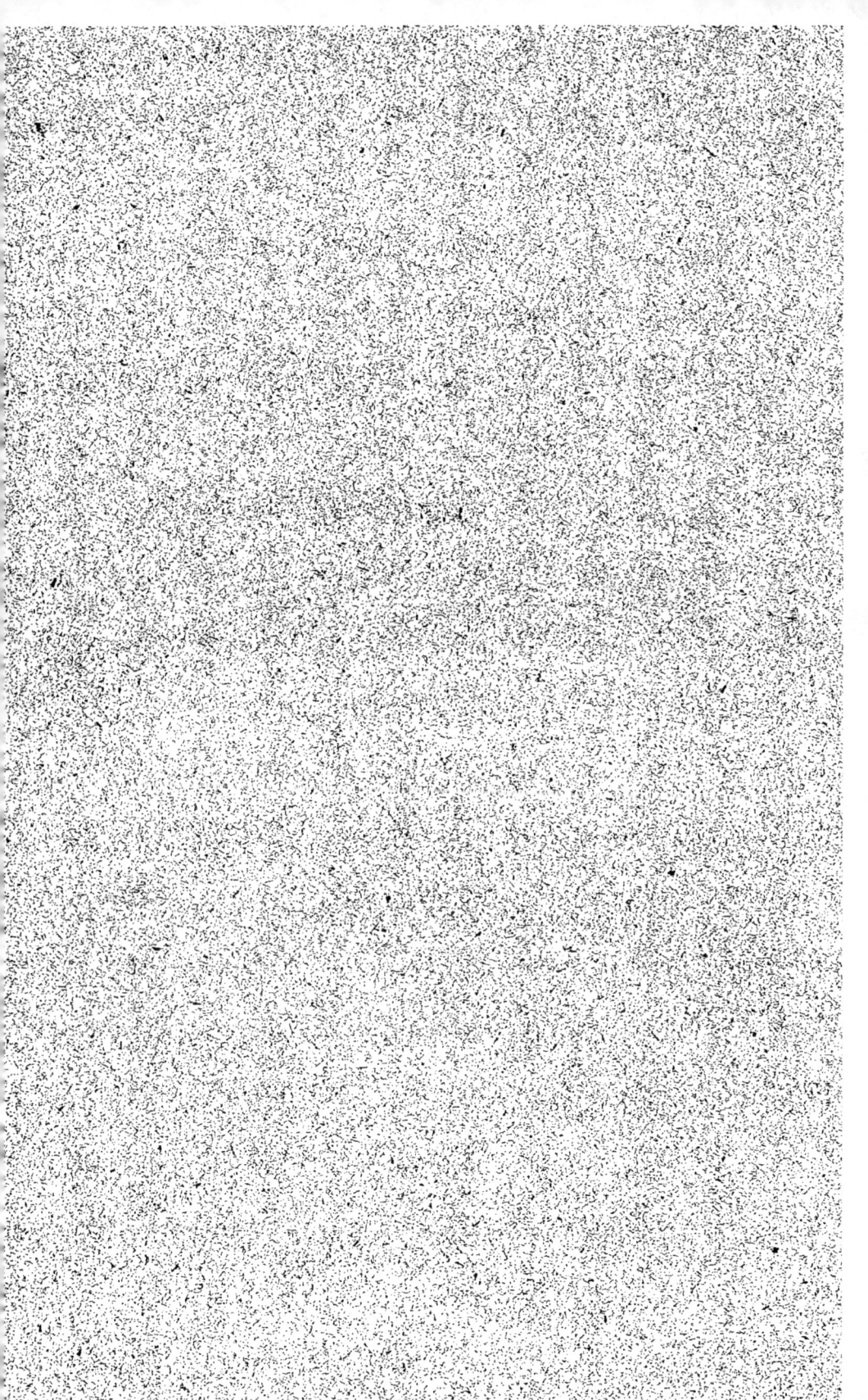

www.ingramcontent.com/pod-product-compliance
Lightning Source LLC
LaVergne TN
LVHW022144080426
835511LV00007B/1244